Lb 56
1887

A LEURS MAJESTÉS

LES

SOUVERAINS DE L'EUROPE

MOYEN RADICAL

POUR RÉSOUDRE LE PROBLÈME

de la Question Romaine, de la Paix des Nations de l'Europe
de la Régénération morale des Peuples

PAR

P. ANDRÉ

MARSEILLE

TYPOGRAPHIE ET LITHOGRAPHIE ARNAUD, CAYER ET Cie
Rue Saint-Ferréol, 57

1868

IMPERIAL
TIMBRE
13
5
cen

A LL. MM. LES SOUVERAINS DE L'EUROPE

MOYEN RADICAL

POUR RÉSOUDRE LE PROBLÈME

de la Question Romaine, de la Paix des Nations de l'Europe de la Régénération morale des Peuples

Aujourd'hui que la double question *Romaine* et *Italienne* est remise à l'ordre du jour, et que le gouvernement français a exposé nettement sa politique à cet égard, le moment nous a paru opportun pour une troisième édition des principes que nous avons publiés vers la fin de l'année 1860, à la suite des nombreux écrits que suscita la célèbre brochure *Le Pape et le Congrès*.

Si cette double question est restée toujours la même, c'est-à-dire contraire à la tranquillité de l'Europe et au progrès moral et physique de l'humanité, la raison en est que la question doit être résolue radicalement, et non à l'aide des simples améliorations qu'on a tenté d'y apporter.

Dans le Nouveau-Monde, comme dans notre vieille Europe, le désordre est tellement manifeste qu'on ne saurait, sans laisser exister la racine du mal, se borner à un seul point du sujet. Il faut non-seulement se préoccuper de la question romaine, mais encore, et surtout, remédier au mal de la société entière.

Pour bien se pénétrer de la tâche à remplir pour la solution de cet important problème, nous ferons observer aux Souve rains comme aux simples sujets, que la société ne peut être formée que sous deux conditions bien distinctes entre elles : l'une qui la forme au bien, et l'autre qui la forme au mal. Or, veut-on former une société d'hommes batailleurs ; faire surgir des sociétés secrètes, une opposition systématique, des philosophes du sensualisme, d'athées, de joueurs, de faussaires, de voleurs, d'intrigants et d'assassins, le tout mêlé à une minorité d'honnêtes gens, généralement victimes des autres ? Eh bien ! continuez à laisser les pères et mères sans règle de conduite pour bien élever leurs enfants et libres de le faire selon leur manière de voir et de leurs caprices, ainsi qu'ils le font aujourd'hui ; laissez en même temps le programme de l'instruction publique tel qu'il est établi et enseigné. Vous pouvez être certain qu'avec ces deux moyens, vous réussirez complètement, et vous avez d'autant plus de raisons de le croire, que la société n'a jamais été élevée que dans cette déplorable condition. Vous n'avez donc rien à faire pour l'établir, elle est déjà malheureusement toute faite. Mais n'allez pas croire, avec tant de philosophes, de législateurs, de théologiens de toutes les époques, et avec les gouvernements qui vous ont précédés, que, pour réformer une telle société, il suffise de beaux discours, de beaux sermons, de lois répressives, de remanier, bien que ce soit utile, la carte géographique des nations de l'Europe, et de s'annexer divers pays, etc. ; car l'histoire des faits vous démontre que vainement on a tenté la transformation de l'homme adulte, et que, dès lors, il est incorrigible.

Si, au contraire, vous voulez former une société d'hommes moraux, laborieux, animés de leurs devoirs, pleins de sentiments fraternels et d'honneur, donnez aux pères et aux mères un principe d'éducation qui leur indique ce qu'ils devront faire pour bien élever leurs enfants. Faites aussi que l'instruction soit une annexe de l'éducation de la famille, complétez-la et faites qu'elle soit mieux appliquée.

Avec ces deux moyens appliqués aux enfants, à ces natures

vierges encore de tout défaut et de tout vice, vous changerez ce triste état social de nos jours. En effet, ces deux moyens sont les deux incomparables leviers qui ont été donnés à l'homme pour se régénérer et multiplier sa puissance, afin de tout améliorer ici-bas, et d'accomplir ainsi sa mission sur la terre.

Que Vos Majestés, daignant donc ouvrir les yeux à la lumière nouvelle de la science, c'est-à-dire à la nouvelle découverte phrénologique, que nous allons exposer brièvement, ainsi que les importants résultats qu'on peut en obtenir. Par ce simple exposé, on aura la preuve la plus évidente que, pour régénérer l'homme et le rendre sociable, il faut rigoureusement, dès son enfance, détruire ses mauvaises tendances et lui inculquer des habitudes bonnes, qui le façonnent peu à peu, de telle sorte qu'en grandissant il devienne aussi, de plus en plus, raisonnable et sage.

Pour y parvenir d'une mamière certaine, il faut que les chefs d'Etat et les chefs de famille, comme aussi les instituteurs, sachent bien que toutes nos actions, ainsi que tous nos mouvements, sont déterminés par notre cerveau. Que, d'autre part, notre cerveau se divise en trois parties principales: sur le devant du front se trouve la partie intellectuelle; après vient la partie du sentiment, de la raison et de la justice; la troisième partie se trouve en arrière de la tête. *(Voir la gravure à la fin de l'ouvrage.)*

Cette troisième partie du cerveau est la partie de la sensualité, qui, se développant, par une tendance naturelle, arrive à dominer les deux autres parties du cerveau, comme aussi à entraîner l'homme à descendre dans tous les vices et à commettre tous les actes de la plus atroce férocité. — Mais si on paralyse le développement de la troisième partie, tout en développant les deux premières, un effet contraire se produit: l'homme acquiert le caractère de toutes les qualités morales et sociales, ainsi que la volonté de les pratiquer.

Il faut donc que les chefs de famille d'abord, et les instituteurs ensuite, se préoccupent, très attentivement, du soin de développer la première et la seconde partie du cerveau des enfants et de paralyser le développement de la troisième, afin et de manière que cette dernière soit dominée par les deux précédentes, ou tout au moins mise en équilibre avec elles. Pour obtenir ces résultats, les moyens sont faciles à reconnaître et à mettre en pratique : lorsque l'enfant manifeste ses volontés et persiste à vouloir les satisfaire, à être paresseux, désobéissant, gourmand, colère ou joueur, cherchant à faire du mal aux animaux domestiques, vous pouvez être assuré que c'est le troisième lobe cérébral qui tend à se développer. Ce développement s'opère par les nombreux mouvements que ce troisième lobe exécute en plus que les deux autres parties du cerveau, et qui, par ce fait, si on ne se hâte pas d'y remédier, les dominera d'une manière fatale, ainsi qu'il en est de la domination de notre main droite sur notre main gauche, par le seul fait aussi des nombreux mouvements qu'elle exécute en plus.

Or, quand les enfants manifestent de pareilles tendances, il faut s'empresser de les corriger, de les occuper à des études et à des actes de moralité, au travail, et les maintenir dans une rigoureuse obéissance. Par ce moyen vous mettrez en jeu les deux premiers lobes et vous arrêterez l'action du troisième, tout en détruisant sa puissance dominatrice. Tout cela est facile à obtenir pendant l'enfance ; mais si alors on néglige de les corriger, plus tard on n'y sera plus à temps.

Voilà donc le *principe* posé, soit de la *morale*, soit de l'*éducation*, et même celui de l'instruction.

Il découle du simple exposé phrénologique que nous venons de faire, que le désordre sociale aurait pour cause déterminante la domination de l'organe du vice sur celui de la raison ; d'où il faut conclure qu'il en sera toujours de même tant que l'éducation ne viendra pas y remédier. En effet, en nous enrichissant de la raison, de cette précieuse faculté, le Créateur a voulu qu'elle présidât à toutes nos actions ; il nous a prescrit par là d'accomplir uniquement celles qui sont propres à nos besoins physiques et moraux tout à la fois.

Plus nous connaîtrons les volontés du Créateur, plus nous trouverons notre ligne de conduite toute tracée. Mais pour parvenir à bien connaître sa volonté et les moyens qu'il nous laisse pour remédier à nos mauvaises tendances, il faut attentivement considérer son ouvrage, c'est-à-dire le mécanisme humain. C'est, en effet, par l'étude de ses organes constitutifs, de leurs tendances naturelles et de l'ensemble de leurs mouvements, que la machine nous paraît devoir agir dans un sens plutôt que dans un autre, et qu'ainsi la volonté du Créateur se révèle.

Jusqu'ici les sociétés ont généralement basé leurs croyances, et, partant, leur conduite, sur l'imagination de quelques hommes et sur l'exaltation des prophètes. Sans méconnaître le bien que les uns et les autres ont produit, il nous paraît plus rationnel, plus conforme à nos habitudes d'examiner, de prendre pour règle et pour base les enseignements écrits par Dieu lui-même dans la nature, dans cet admirable livre placé sans cesse sous nos yeux et dont nous avons parlé dans le précédent paragraphe.

En effet, le mécanisme humain peut être considéré comme une loi où Dieu a tracé en caractères intelligibles pour tous les peuples des règles certaines; nous n'avons donc qu'à étudier l'ouvrage pour connaître la volonté de l'ouvrier divin et pour nous conduire suivant ses desseins.

N'oublions pas, d'ailleurs, que si le Créateur a rendu l'état de l'enfance si long, c'est uniquement pour faciliter aux parents les moyens de modifier ou de paralyser, par l'éducation, le développement d'un organe qui porte l'empreinte de la nature brute de l'état primitif de l'homme, et qui, par ce fait, paralyse ses nobles facultés, et le rattache par ce point ou *troisième lobe*, à la race des animaux les plus féroces de la création. Voilà pourquoi, dans ces conditions, l'homme est incorrigible, et qu'il se détermine si facilement à massacrer son semblable. Il désire ardemment la liberté, non pas pour se moraliser et faire le bien, mais par la seule raison que tout ce qui peut gêner ses vicieuses tendances et ses orgueilleuses prétentions, lui est antipathique. Il ne faut donc pas prétendre à sa transformation, vous ne pouvez exiger de lui que de bien élever ses enfants; il le fera avec d'autant plus d'empressement qu'une loi l'y obligera et qu'il verra que ses enfants prendront l'habitude de produire plutôt que celle de dépenser follement l'argent et le temps.

Tant que l'humanité ne sera point soustraite à cette triste et déplorable alliance bestiale, les hommes, en général, ne pourront jamais se classer ni comme des êtres raisonnables ni surtout comme des êtres moraux (1).

Il est donc vrai de dire que si l'homme doit nécessairement tout améliorer ici-bas, il doit avant toute chose commencer à s'améliorer lui-même.

Qu'on ne dise pas que le temps manque à cet égard, puisque le Créateur a destiné les vingt premières années de la vie de l'homme à lui faciliter les moyens d'opérer sa transformation. Donc, si les gouvernements et les diverses célébrités dont nous avons parlé n'ont pu parvenir, malgré tous leurs efforts, à fonder la stabilité et le bien-être moral et physique des peuples, c'est qu'ils ne se sont pas suffisamment préoccupés des effets pernicieux produits par la mauvaise éducation de la famille et par l'incomplète et vicieuse application de l'instruction.

Mais ils sont tous d'autant plus excusables que le moyen radical pour réussir, et que nous proposons, n'était pas découvert.

Il résulte donc de nos principes que les gouvernements et les autres institutions établies de tout temps dans le monde, ont constamment agi, et à leur insu, dans un sens contraire

---

(1) Tous les hommes qui ont montré de grands talents pour la guerre auraient été de grands génies pour le progrès des sciences et d'économie sociale, si pendant leur enfance, on avait agi sur le *troisième lobe* dont nous venons de parler.

au progrès de la régénération de l'humanité ; — que pour changer ce triste état de choses et régler en même temps l'importante question romaine, il est de toute nécessité que les souverains se réunissent afin d'établir :

1° Un pacte fondamental, par lequel ils s'obligent à élever les peuples au moyen d'une éducation et d'une instruction communes, afin de faire naître en eux l'esprit de fraternité et de travail, au lieu de cet esprit d'antagonisme qui règne aujourd'hui;

2° Etablir un tribunal suprême international, lequel siègera à Rome, et sera composé d'un représentant de chaque nation contractante ;

3° Les parties contractantes nommeront le Pape leur médiateur et gardien du pacte fondamental. — Tous les différends internationaux devront être soumis à son appréciation pour être conciliés, s'il est possible, avant qu'ils soient portés devant le tribunal suprême;

4° Le tribunal suprême jugera en dernier ressort toutes les infractions au pacte fondamental, soit de la part des Monarques, soit de la part du Pape ou du Clergé;

5° Le Pape seul dirigera le Clergé dans le sens du pacte dont il s'agit, mais il n'aura aucune autorité temporelle sur les citoyens de quelque nation qu'ils soient. Il sera considéré comme le représentant de Jésus-Christ et le chef suprême du Clergé, avec lequel il formera une sorte de famille consacrée au développement de l'esprit moral et de concorde de l'humanité. Ils représenteront ensemble le principe de vérité sous la dénomination de Religion catholique, apostolique et romaine. Le Pape pourra avoir un conseil particulier nommé par lui;

6° Toutes les autres religions resteront dans une entière indépendance; mais elles seront tenues de répandre les principes d'éducation et d'enseignement dont il s'agit. Toutes les sectes dépendantes de la doctrine du Christ pourront s'unifier à la nouvelle et grande famille du clergé sous l'autorité du Pape, et fondée d'après ledit pacte fondamental;

7° Rome sera déclarée la propriété commune de toutes les *Puissances Unies;* elle restera le siége de la religion et la demeure des Papes;

8° Les nations contractantes serviront une liste civile au Pape;

9° Les habitants de Rome seront sujets italiens, et, quoique soumis aux lois de cette nation, ils formeront une garde d'honneur, chargée de la sûreté et de l'indépendance du Pape, et du maintien de la tranquillité publique; attendu qu'aucune puissance ne pourra y faire tenir garnison sous quelque motif que ce soit;

10° Le tribunal suprême sera formé par les représentants des puissances unies; son siège sera fixé à Rome. Tous les représentants auront le titre de présidents et présideront chacun à leur tour et suivant l'ordre du numéro que le sort aura donné à chacun;

11° Imposer une règle pour l'éducation de la famille; obliger les parents, par une loi, à s'y conformer pour bien élever leurs enfants, ou fonder des récompenses honorifiques ou autres pour la faire pratiquer;

12° Exiger que les instituteurs aient des connaissances anatomiques, physiologiques et hygiéniques; les obliger à suivre les mêmes règles envers leurs élèves, comme s'ils étaient eux-mêmes leurs pères;

13° Donner comme base de l'instruction première les notions anatomiques, physiologiques, religieuses et hygiéniques, afin de préserver de bonne heure, la jeunesse, des passions et des illusions qui la perdent si souvent;

14° Fonder un cours de droit et de morale dans tous les établissements d'enseignement public, et contraindre tous les ministres des cultes à enseigner à leurs coreligionnaires les devoirs dont nous avons parlé.

Ces obligations, pour obtenir le bien général, doivent être d'autant plus fortement imposées que personne n'ignore que la société est toujours poussée par deux courants contraires :

l'un vers son amélioration, l'autre vers sa dégradation, selon les moyens employés par ceux qui sont chargés de l'élever, de l'instruire, de la gouverner.

Il en est du chef de l'Etat comme du chef de famille : celui-ci peut rendre ses enfants bons ou mauvais, suivant l'éducation qu'il leur aura donnée.

Celui-là peut rendre ses sujets heureux ou misérables, selon qu'il leur aura donné de bonnes ou de mauvaises institutions.

Nous en dirons autant de celui qui est chargé de l'enseignement religieux.

Mais si tous les trois agissent selon leur manière de voir particulière, ne seront-ils pas placés dans les conditions voulues pour faire aveuglément le mal et jamais le bien? Tout homme raisonnable ne serait-il pas effrayé à bon droit, si les monarques, sans se préoccuper du bien-être physique et moral de leurs peuples, voulaient les gouverner arbitrairement; si les pères de famille élevaient leurs enfants sans suivre d'autre règle que leur caprice; si, enfin, les représentants des diverses croyances religieuses, au lieu de s'efforcer de ramener leurs coreligionnaires à la pratique des principes d'une saine morale, s'en faisaient un instrument pour satisfaire leur cupidité ou pour remplir des vues politiques? Si, néanmoins, nous n'en sommes pas arrivés là, nous n'en sommes pas fort éloignés. Mais la responsabilité de tous ces débordements ne pèse-t-elle pas sur le chef de l'Etat, puisque, seul, il est chargé des intérêts de tous ses sujets, quels que soient leur naissance et leur culte? Et pourtant, ces tristes résultats sont inévitables tant que les uns et les autres ne seront pas astreints à suivre un plan d'ensemble qui leur montre le but qu'on doit atteindre.

Alors, mais alors seulement, au lieu du mal, ils pourraient faire tout le bien possible, parce qu'ils agiraient avec ensemble, quoique par des voies différentes, pour atteindre un but unique : *l'amélioration de la Société.*

Tout nous enseigne que Dieu a confié :

1° Au chef de l'Etat, la surveillance des intérêts physiques et moraux de son peuple;

2° Aux chefs de famille, le soin de former l'esprit et la conscience de leurs enfants à l'amour de Dieu, du prochain et du travail;

3° Aux ministres des diverses religions, l'enseignement et la propagation du sentiment de fraternité dans les familles et entre les concitoyens des diverses nations, la consolation des affligés et des mourants, la régénération des hommes non civilisés, enfin, la transmission, dans tout l'univers, des paroles de paix, d'union et de concorde.

Voilà donc la *trinité* humaine entre les mains de laquelle le Créateur a confié nos destinées.

Mais si le monarque doit nous maintenir dans l'accomplissement de nos devoirs ; si la philosophie religieuse, par l'intermédiaire du clergé, nous montre le chemin qui nous conduit à Dieu, le père de famille est la force vive qui nous pousse vers ce but, tout en aplanissant les voies. Il est donc la base du bien-être social, de même que la terre est pour l'agriculture la base fondamentale de la production. La famille est, conséquemment, le centre de production de toutes les forces morales dont il faut faciliter l'essor, si l'on veut fonder une société plus en harmonie que la nôtre avec ses destinées, si l'on veut enfin que ce ne soit plus dans l'assouvissement des mauvaises passions, mais bien dans le travail, dans les actions et les pensées morales que l'homme aille chercher ses jouissances.

Pour que la famille, ce centre régénérateur des sociétés, puisse remplir sa mission providentielle et sociale, qui est de bien élever ses enfants, deux choses sont, à notre avis, d'une rigoureuse nécessité : 1° Etablir, ainsi que nous l'avons dit, une loi qui lui impose l'obligation d'élever ses enfants d'après la règle de conduite établie dans notre catéchisme des pères et mères, que nous donnons ci-après ; — 2° Faire donner un exemplaire de ce catéchisme, par l'officier municipal, aux époux qui viennent de contracter le mariage, en les invitant à élever leurs enfants d'après les principes que ce catéchisme renferme. On comprend vite combien cette libéralité et cet avis de l'officier municipal auront d'influence pour décider les époux à remplir les obligations que la loi leur impose à l'égard de leurs enfants.

La promulgation de cette loi serait d'autant plus utile que, dans une société bien ordonnée, les droits et les devoirs de chacun doivent être clairement déterminés ; car les hommes, s'occupant peu de l'intérêt commun, croient généralement n'être tenus qu'à ce que les lois du pays leur imposent. D'ailleurs, pour que les parents puissent porter leur attention sur ces importantes améliorations de la famille, base de la société, ils ont besoin, pour être soustraits à leur insouciance à cet égard, qu'on leur vienne en aide par une force qui les pousse vers le but.

Or, cette force c'est la loi. Cette loi procurerait non-seulement l'avantage d'avoir réglé les devoirs de la famille, mais elle donnerait encore à tous les représentants des cultes, au clergé catholique en particulier, ainsi qu'aux instituteurs, le moyen de rendre de bien grands et de réels services à la société : les premiers en exhortant, du haut de la chaire, tous les parents à remplir les obligations dont il s'agit, et les seconds en appliquant nos principes à leurs élèves. D'ailleurs, c'est l'unique moyen pour remédier au mal social, pour constituer les mœurs publiques bonnes, fortes et durables. Dans le cas contraire, nous resterons toujours les esclaves de nos vices, et l'atmosphère, que nous continuerons à saturer du souffle impur et délétère de tous nos sentiments pervertis, empoisonnera l'âme des générations futures, et nous perpétuerons ainsi notre désordre moral et nos misères physiques, jusque dans la nuit des temps.

Telle est pourtant notre alternative ; il ne faut pas le méconnaître : *Ou notre amélioration l'un par l'autre, ou notre destruction l'un par l'autre.*

Nous ne pouvons en sortir, et notre orgueil ne peut rien y changer. Et pourtant, n'est-ce pas cette dernière et déplorable voie que de tous temps on a suivie et que nous suivons encore de nos jours? En effet, dans la période des soixante-dix années qui se sont écoulées de 1792 à 1864, la guerre a fait périr près de dix millions d'hommes jeunes et vigoureux. Les guerres de Crimée, d'Italie et d'Amérique ont dévoré de vingt-cinq à trente milliards ! N'est-ce pas assez de cadavres et de ruines? Ces déplorables résultats ont-ils donné la sécurité de l'avenir? Ce n'est pas en détruisant les forces vives et les richesses des peuples qu'on peut amener la paix et le bien-être des nations.

Le travail vivifie tout; la guerre, au contraire, porte partout et toujours la ruine et la mort.

Nul doute que Dieu, dans sa sagesse infinie, n'ait donné à l'homme la patience, la force et l'intelligence pour demander, non à la guerre, mais à [l'air et au feu, à l'eau comme à la terre, les subsistances nécessaires à la vie.

Le travail est donc le principe et la loi de la société humaine. D'ailleurs, il en est de celle-ci comme de toutes les sociétés commerciales et industrielles.

Toutes ont pour base le travail et pour but leur bien-être. En connaît-on qui aient pour principe et pour but de s'entre-détruire et de se ruiner? Elles ont toutes un travail indiqué d'avance qui explique leur raison d'être, et une espèce de gouvernement pour gérer leurs intérêts.

Mais, s'il en est ainsi des sociétés commerciales et industrielles, il en est également de même de la société humaine; elle a aussi son gouvernement, son travail indiqué d'avance, qui explique sa raison d'être. En effet, tout nous démontre que la société humaine a pour mission de modifier notre globe, c'est-à-dire cultiver en entier le sol, dont la moitié est à peine mise en culture; extraire les métaux; donner une issue aux gaz intérieurs; donner un courant régulier aux eaux du sol, sources, lacs, marais, rivières, etc...; unir les mers en rompant les isthmes qui les séparent; établir des voies de communication de toutes parts, soit par terre soit par mer, afin que les produits, comme les individus, quelque éloignés qu'ils soient, puissent facilement être transportés d'un pays dans un autre; — former une armée de travailleurs au lieu d'une armée uniquement destinée à la guerre.

Tels sont les principaux travaux qui expliquent la raison d'être de l'humanité sur la terre; sans cela elle serait un objet créé sans but, et dès lors une chose absurde dont on ne pourrait convenir sans méconnaître l'intelligence suprême et infinie du Créateur.

Non, l'homme n'a pas été mis sur la terre sans un dessein préconçu de son auteur, et conséquemment sans qu'il ait à accomplir un travail utile et nécessaire à quelque chose de particulier et en dehors de lui-même.

Si les nations, après une paix générale, et nos principes mis en vigueur, s'adonnaient principalement à la culture du sol, dont la moitié n'est pas exploitée, la production agricole les encombrerait de toutes parts. Les animaux domestiques, profitant de ce surcroît de production, multiplieraient leurs efforts en faveur de l'homme, et la position des uns et des autres serait alors des plus satisfaisantes.

La modification apportée à notre globe doit-elle avoir pour effet de le mettre en état de prendre la place dans la constitution des magnificences célestes que l'Être suprême lui aurait destinées? Et, s'il en est ainsi, serons-nous appelés à jouir encore de ces sublimes et incomparables magnificences? Nous l'ignorons, mais tout nous porte à le croire.

Et maintenant, que nous avons exposé, d'une manière générale, les moyens radicaux pour opérer la régénération humaine, — régler la question romaine et fonder la paix en Europe, le fanatisme, bardé de la routine et de l'égoïsme, ne viendra-t-il pas nous accuser de vouloir renverser la religion, quand nous voulons, au contraire, qu'elle soit consacrée par les *Puissances Unies?* Toutefois, ces esprits d'une autre époque ne sauraient sérieusement nous préoccuper; car nous avons lieu de croire, en nous appuyant sur notre découverte phrénologique, que les générations qui arrivent seront assez heureuses pour que la nature ait donné aux souverains de nos jours un système cérébral établi, en principe, dans des conditions les plus désirables ; que, dès lors, Papes et Monarques s'empresseront de s'unir afin de mettre nos principes en vigueur.

L'accomplissement d'un tel devoir leur mériterait, à tout jamais, la reconnaissance des peuples et la bénédiction du ciel.

En effet, cette nouvelle situation serait inouïe en bons résultats : l'homme étant régénéré par nos principes d'éducation et d'instruction, aimerait, comme conséquence, l'ordre et le travail. — Il ne saurait donc être l'instigateur du désordre.— Le travail d'ensemble dont nous avons parlé, amènerait de telles quantités de produits, que la dette publique serait promptement anéantie et remplacée par un énorme capital de réserve, dont le revenu permettrait d'assurer le pain à chacun. Donc, plus de revolutions ni de guerres, les causes qui les produisaient n'existant plus. La paix et la tranquillité publiques seraient assurées, et on aurait la gloire, en même temps, de laisser pour héritage une position prospère aux générations futures, au lieu d'un déficit européen de plus de 55 milliards de dette publique, qui, allant toujours en augmentant, amène la ruine de l'avenir.

Puissions-nous donc avoir été suffisamment explicite, pour avoir porté la conviction dans l'esprit et la conscience des uns et des autres, et pour les avoir déterminés à travailler résolument à la solution du problème humanitaire dont il s'agit. Mais, quoiqu'il en soit, et quel que soit le jugement qu'on porte sur notre œuvre, on rendra, nous osons le croire, justice à l'intention qui nous l'a inspirée.